# Inhalt

**E-Mail-Marketing**

Kernthesen

Beitrag

Fallbeispiele

Weiterführende Literatur

Impressum

# E-Mail-Marketing

*E.Krug*

## Kernthesen

- E-Mail-Marketing, zeichnet sich durch hohe Zielgenauigkeit und geringe Kosten aus. (1)
- Voraussetzung für effektives Werben durch Versenden von E-Mails ist die Qualität, nicht die Quantität. (2)
- Eine eigene Kundendatenbank ist für den Werbenden der zuverlässigste Weg, das E-Mail dem richtigen Adressaten zielgerichtet zukommen zu lassen. (1), (2)
- Durch unkorrektes Verhalten bei der Adressgewinnung und bei der Beschaffung der Erlaubnis der Beworbenen, ist E-Mail-Marketing ins Kreuzfeuer geraten. (1), (2), (3), (4)

# Beitrag

Die direkte Kundenansprache per E-Mail entspricht heute definitiv dem Zeitgeist und ist nicht zuletzt wegen der zielgerichteten und kostengünstigen Art zu werben eine beliebte Marketing-Methode. (5) Ein absolutes "Muss" für funktionierendes E-Mail-Marketing ist die Einwilligung der Adressaten (Permission-Marketing). Aber nicht nur der faire Umgang mit den Kunden beim Versenden der Werbebotschaften oder der Informationen sollte vorausgesetzt werden, sondern auch eine korrekte Adressengewinnung mit validen Adressdaten. (3)

# Wie funktioniert E-Mail-Marketing?

Der Werbungtreibende, der seine Werbebotschaft per E-Mail an eine bestimmte Zielgruppe senden möchte, nutzt z. B. Listen von Adressenanbietern. Die Zielgruppe kann nach diversen Kriterien eingegrenzt werden und alle Kunden, die dieser Zielgruppe angehören erhalten über den Adressenanbieter die Werbung oder sonstige Informationen des werbenden Unternehmens. Das Unternehmen selbst hat keinen Zugriff zu den Adressen, sie werden nur von ihm gemietet. Der Kauf von Mail-Adressen ist in Deutschland verboten (Datenschutzrecht). (2)

Der Anbieter der E-Mail-Adresse erhält diese wiederum durch telefonische oder postalische Haushaltsbefragungen, Newsletter oder spezielle Internet-Plattformen.
Meist erfolgt der Ablauf derart, dass der potenzielle Kunde sich einträgt, seine Einwilligung erteilt, persönliche Daten preisgibt und dafür an einem Gewinnspiel teilnimmt oder eine sonstige Belohnung erhält. (1), (2)

## Welche Probleme erschweren das E-Mail-Marketing?

## Kaum Kontrollmöglichkeiten beim "Mieten von Adressen"

Hier liegt die Problematik darin, dass der Werbetreibende weder die Adressengewinnung noch den Umgang mit diesen Adressen kontrollieren kann. Er muss z. B. darauf vertrauen, dass der Adressenvermieter nicht willkürlich und unüberlegt die User mit unzähligen E-Mails überhäuft, worauf diese die Werbebotschaften wegen "Überflutung" als logische Konsequenz früher oder später nicht mehr annehmen würden.

Sollte hier bereits sorgfältig und vertrauenswürdig gehandelt werden, so ist dies noch keine Garantie dafür, dass die Adressengewinnung und Auswahl der Zielgruppe für den Werbetreibenden optimal verlaufen ist. Durch z. B. falsche Angaben der Adressaten ist ein zielorientiertes One-to-One-Marketing nicht gewährleistet. (1)

## Falsche Angaben der User

Durch eine erst kürzlich durchgeführte W3B-Studie von Fittkau & Maaß (Marktforschungsinstitut, Hamburg) wurde bekannt, dass 23 Prozent der befragten User mindestens einmal bei der Online-Registrierung bewusst unkorrekte Angaben gemacht haben. (1)

Durch die viel zu selten durchgeführten Kontrollen von User-Profilen wird die optimale Zielgruppe zur Farce und der Werber erreicht nicht seine potenziellen Kunden.

Eine Gefahr sind hier allzu lohnende Gewinnspiele. Dadurch werden auch Nutzer angelockt, die sich ausschließlich wegen der Gewinnsituation registrieren lassen und nur halbwahre Auskünfte liefern. Von den Befragten der W3B Studie lehnen nur 3 Prozent eine Erfassung strikt ab. Vor zwei Jahren dagegen haben nur 10 Prozent einer Erfassung zugestimmt. Doch all die vielen Adressen sind sinnlos, wenn die Angaben nicht korrekt und wahrheitsgemäß erfolgen. (1)

## Tricks der Adressenanbieter

Zudem bedienen sich unseriöse Adressenanbieter auch unguter Tricks bei der Adressengewinnung oder beim Versenden von Werbebotschaften.
Der eco-Verband (Electronic Commerce Forum, Köln) sieht hier für die Branche ein echtes Problem. Es werden z. B. E-Mails an die Verbraucher geschickt, die nie wirklich eine "Permission" erteilt haben. Die Folge liegt auf der Hand: Unternehmen, die Adressen von unseriösen Händlern mieten, verärgern die Verbraucher und vertreiben potenzielle Kunden. (4)

## Die Rechtslage

E-Mail-Marketing befindet sich immer noch in einer rechtlichen Grauzone. Hier gibt es in Deutschland noch keine höchstrichterliche Entscheidung. (2)

Um sich dennoch auf der sicheren Seite zu bewegen, sollte man sich an die wichtigsten Regeln halten, wie z. B. an die Einwilligung der Empfänger oder an die Tatsache, dass es verboten ist, E-Mail-Adressen zu kaufen. (2), (3), (4)

## Kann man die Situation der Werbetreibenden verbessern?

Wer den Kunden nicht ernst nimmt und sich unseriöser Methoden bedient, schneidet sich ins eigene Fleisch, weil es für den Empfänger von E-Mails leicht ist, sich gegen diese Art der Werbung zu wehren, indem er die Mails ungeöffnet löscht. (3)
Die optimalste Situation für den Werber würde sich ergeben, wenn dieser auf ein ausreichendes Adressenmaterial einer eigenen Kundendatenbank zurückgreifen könnte. Sicherlich ist diese nicht so groß und muss erst langsam aufgebaut werden, die Zielgruppe allerdings wäre dann ideal und könnte auch stetig kontrolliert werden. Wie gesagt, Qualität steht hier deutlich vor Quantität. (2)
Ein eigener Verteiler könnte schrittweise aufgebaut werden, indem vorab Listen gemietet und die E-Mails mit Feedbackmöglichkeiten versehen werden. (2), (3)

Bei der Adressengewinnung sollten die Adressenverteiler darauf achten, die Nutzer nicht mit zu hohen Gewinnen zu locken, sondern ihnen z. B. vielmehr den Nutzen der Produktinformationen zu vergegenwärtigen, um wirkliche Interessenten archivieren zu können. (1)

## Fallbeispiele

## Beispiele für Adressengewinnung

Claritas Deutschland betreibt eine Umfrageplattform (NetBarometer), die mit vielen Gewinnspiel- und Community-Portalen verlinkt ist.
Gelockt werden die Surfer von mächtigen Gewinnen bei Preisausschreiben oder direkten Gutschriften kleinerer Beträge.

eCirce dagegen sammelt über eine Internet-Plattform gezielt Adressen von Nutzern, die Interesse an bestimmten Produkten zeigen.
Gelockt werden diese User damit, dass sie ausschließlich die Informationen erhalten, die sie wirklich interessieren. (2)

## Beispiel für Zusammenarbeit

AZ Bertelsmann Direct GmbH (Gütersloh)arbeitet mit Unternehmen wie dem E-Mail-Dienst GMX zusammen. Die Zusammenarbeit erfolgt auf Vertrauensbasis, die Partner stehen für die Datenqualität ein.
Der bei GMX angemeldete User erhält eine persönliche E-Mail-Adresse. Er muss im Fragebogen seine Adresse, seine Arbeitsstelle, Telefonnummer, Geburtsdatum, Familienstand und berufliche Stellung angeben. Detaillierte Angaben über z. B. Interessengebiete erfolgen freiwillig. (1)

## Beispiele für Video-Mails-Kampagnen

Bahlsen verschickt per Mail die TV-Kampagne für den Schokoriegel Pickup an alle Mitglieder der Bahlsen-Online-Community. Das Unternehmen betrachtet die Video-Mail als ideale Ergänzung zur Markenbotschaft über TV.
Die technische Abwicklung erfolgt über Arcor Online.

Dolce & Gabbana werden einen TV-Spot per Video-Mail verbreiten, um die neue Freizeit-Bekleidungsmarke "&" bei den jungen deutschen Trendsettern bekannt zu machen. Hier erfolgt die technische Abwicklung über Buongiorno. (5)

## Weiterführende Literatur

(1) User schummeln bei Adressdaten
aus werben & verkaufen Nr. 25 vom 21.06.2002 Seite 048

(2) Qualität statt Masse
aus CYbiz Nr. 07-08 vom 03.07.2002 Seite 020

(3) Den Kunden ernst nehmen
aus CYbiz Nr. 07-08 vom 03.07.2002 Seite 003

(4) Faule Tricks
aus CYbiz Nr. 07-08 vom 03.07.2002 Seite 007

(5) Mail-Versender recyclen TV-Spots
aus HORIZONT 26 vom 27.06.2002 Seite 038

# Impressum

## E-Mail-Marketing

**Bibliografische Information der deutschen Nationalbibliothek**

Die Deutsche Nationalbibliothek verzeichnet diese Publikation in der deutschen Nationalbibliografie; detaillierte bibliografische Daten sind im Internet über http://dnb.d-nb.de abrufbar.

ISBN: 978-3-7379-0821-4

© 2015 GBI-Genios Deutsche Wirtschaftsdatenbank GmbH, Freischützstraße 96, 81927 München, www.genios.de

Alle Rechte vorbehalten. Dieses Werk ist einschließlich aller seiner Teile – z.B. Texte, Tabellen und Grafiken - urheberrechtlich geschützt. Jede Verwertung außerhalb der Grenzen des Urheberrechtsgesetzes bedarf der vorherigen Zustimmung des Verlags. Dies gilt insbesondere auch für auszugsweise Nachdrucke, fotomechanische Vervielfältigungen (Fotokopie/Mikroskopie), Übersetzungen, Auswertungen durch Datenbanken oder ähnliche Einrichtungen und die Einspeicherung und Verarbeitung in elektronischen Systemen.